AF396259

COLONISATION

DE

L'ALGÉRIE

PAR LE

SYSTÈME DU MARÉCHAL BUGEAUD

COLONISATION

DE

L'ALGÉRIE

PAR LE

SYSTÈME DU MARÉCHAL BUGEAUD

ALGER

IMPRIMERIE DE L'ASSOCIATION OUVRIÈRE, VICTOR AILLAUD ET Cie

1871

AVANT-PROPOS

L'œuvre que nous livrons au public, ainsi qu'on le verra dans
un des premiers chapitres, est une œuvre collective, imper-
sonnelle et ne peut être par conséquent qu'anonyme.

Ces sortes de publication sont, en général, mal vues ; on est
assez porté à se persuader que le trait de plume de l'écrivain y
ressemble au coup du stylet que le malfaiteur fait jouer dans
l'ombre.

Afin de laver notre petit opuscule de ce mauvais vernis,
parmi nous, une main impitoyable a biffé tout ce que la rédac-
tion pouvait laisser échapper de capable de froisser, de près ou
de loin, les susceptibilités les plus ombrageuses, laissant à
l'Opinion publique, dorénavant la première reine du monde, le
soin de juger les vivants et les morts.

Une remarque bien plus importante que nous avons à faire à
nos lecteurs, et sans laquelle nous nous serions dispensé d'affu-
bler d'une préface ce petit écrit, c'est que ces quelques lignes
ont vu le jour depuis plus d'un an.

A cette époque, notre manuscrit original que nous avons

conservé, revêtu de la suscription d'un haut personnage ayant date certaine, fut copié par une main amie et présenté à M. le Gouverneur général, sous forme de mémoire. C'est sur cette copie que l'impression a été faite, sans y changer un mot, à l'exception des notes. Si quelqu'un voulait nous le contester, nous le renverrions à la copie qui en a été prise en certain lieu que nous indiquerions.

Deux raisons nous forcent à donner à notre opuscule cet extrait de naissance incontestable :

1° Depuis plus d'un an qu'il a vu le jour et qu'il a eu la publicité clandestine que nous indiquons, des écrivains distingués dans la presse métropolitaine et algérienne, ont rappelé, en l'effleurant, le système Bugeaud ; mais autant nous avons été fiers de voir qu'on abondait dans nos idées, autant il nous répugnerait de passer pour des plagiaires.

2° Depuis cette époque, on a beaucoup fait, dit et écrit sur le compte et pour le compte de l'Algérie.

Nous laissons aux lecteurs qui ont à cœur les intérêts de l'Algérie et qui les suivent depuis longtemps, à juger si nos prévisions ont été justes, si nous avons signalé sur les écueils qu'il fallait éviter, et si enfin les moyens que nous avons indiqués n'ont pas été employés sous des formes déguisées, après des tentatives sans résultats.

De cette appréciation pourra résulter, ainsi que nous l'espérons, un bon augure en faveur du système que nous préconisons ; si nous avons eu raison à l'époque la plus critique où se soit trouvée la Colonie, pourquoi nos idées n'auraient-elles pas quelque crédit en ce qui concerne ce qui reste à faire dans l'avenir ?...

Quoi qu'on en dise, le régime civil est ancré pour toujours dans toute l'étendue de l'Algérie. Le pays a changé de face de fond en comble. Cette transformation, il est vrai, ne s'aperçoit guère que dans des ruines, dont les unes sont aussi déplorables, en voyant le sang dont elles sont rougies et en considérant les haines assoupies qu'elles ont ravivées entre des races destinées à se fusionner et à ne faire qu'un seul et même peuple que les autres font honneur à celui qui avait mission et qui a eu le courage de les faire dans les circonstances difficiles où se trouvait la France des deux côtés de la Méditerranée.

Dans tous les cas, ces dernières laissent la place libre à des institutions nouvelles que seule la Métropole peut nous donner quand elle aura sauvegardé les intérêts les plus précieux de la patrie. Du reste, ici, si rien ou presque rien n'a été fait dans l'œuvre si difficile de la réédification, il n'y a rien de perdu...

Grand Dieu, nous nous trompons !... Il y a de perdu les 20 ou 30 mille de nos frères de Lorraine et d'Alsace que nous avons vus, en mêlant nos larmes aux leurs, aller chercher chez nos amis d'Amérique une nouvelle patrie, alors qu'il nous était si facile de les garder parmi nous.

Mais si, un peu par la faute des uns, un peu par la faute des autres, ce courant d'émigration, si précieux à tous égards, s'est éloigné de nos rivages, il ne pouvait être qu'un accident heureux dans la marche de la colonisation algérienne.

Comme nous cherchons à le démoutrer, c'est dans l'armée seule que la France trouvera les véritables éléments de la colonisation et du peuplement de sa précieuse Colonie.

Durant tout le temps encore que les vieilles nations de l'Europe auront besoin de se faire garder par l'élite de leur jeunesse, la France peuplera l'Algérie avec les déclassés et les débris de ses armées permanentes, non pas en dépit, mais à la faveur de la loi nouvelle, on ne peut plus favorable à notre système.

Et qu'on n'aille pas crier au *militarisme !* ce mot barbare, inventé presque en même temps que les chassepots et les mitrailleuses, disparaitra de nos discussions, si nous nous montrons dignes de la République que Dieu veut bien nous octroyer par les mains de M. Thiers.

Est-ce que l'impôt du sang n'est pas aussi respectable que celui que fournit le travailleur ?

Peut-être l'Algérie, *cette terre promise,* est appelée à être le *Champ de Mai* où, par une véritable entente de la *Mutualité,* cette loi souveraine des peuples qui veulent être libres, les enfants du même pays feront alliance; et ainsi disparaitraient les rivalités et les haines que les despotes avaient suscitées entre ceux qui veillent à la sûreté du pays et ceux qui contribuent aux frais de son incomparable organisation.

COLONISATION

DE

L'ALGÉRIE

PAR LE

SYSTÈME DU MARÉCHAL BUGEAUD

CHAPITRE Iᵉʳ.

COUP D'ŒIL SUR LA SITUATION TOUTE NOUVELLE QUE LA CHUTE DU ROYAUME ARABE, L'INSURRECTION ET L'INAUGURATION DU RÉGIME CIVIL ONT FAITE A LA COLONIE.

L'édifice colonial, en Algérie, est à refaire de fond en comble ; les derniers événements, en couvrant une partie du pays de cadavres et de ruines, ont le triste avantage d'en faciliter la réédification tout en la rendant indispensable.

L'insurrection que nous venons de vaincre nous place, vis-à-vis des indigènes, dans la même situation que celle que nous avions il y a trente ans, avec cette différence, que nous sommes enfin convaincus que tout ce qu'on a fait pour les assouplir à notre domination l'a été en pure perte ; et que la grande préoccupation du moment, c'est de trouver un nouveau moyen de les gouverner sans être obligé de verser notre sang et le leur dans des guerres sans cesse renaissantes où le vainqueur perd encore plus que le vaincu.

De sorte que cette question, si souvent résolue, a été encore une fois agitée : Faut-il cantonner ou refouler les Arabes afin d'en finir avec eux une bonne foi pour toutes ?

La France a proclamé, en face du monde entier, en plantant son drapeau sur la terre d'Afrique, qu'elle n'y venait que dans le seul but d'y apporter le flambeau de la civilisation. Aujourd'hui la France a besoin de reprendre son ascendant moral sur les peuples du globe ; et, si par une circonstance ou par une autre, elle était appelée à trancher de nouveau la question, elle répondrait par la voix de son gouvernement, par celle de ses représentants, par tous les organes de l'opinion publique : Non ! La France ne tue pas le vaincu désarmé ; elle ne rejette pas le sauvage dans les sables du désert : mais elle le garde à ses côtés et le civilise.

Le gouvernement des indigènes par les bureaux arabes est aujourd'hui jugé et condamné sans retour. Le système était tellement vicieux, qu'en aggravant leur position matérielle et morale, au lieu de faire aimer notre domination, il la rendait aussi odieuse que celle des Turcs.

Avant et pendant le règne des bureaux arabes, les publicistes les plus éminents, les hommes d'Etat les plus expérimentés, ont toujours été d'accord sur ce point : c'est qu'il ne faut pas enfermer les Arabes dans un cercle de fer, mais les enlacer par les mille liens de la civilisation que leur tendront de tous côtés les populations européennes et surtout françaises, que l'on doit créer au milieu d'eux.

L'organisation de l'Algérie n'ayant ainsi pas d'autre base durable que le peuplement du pays par la race européenne destinée, non pas à refouler les indigènes, mais à se les assimiler, il importe de trouver le mode de colonisation le plus pratique et le plus prompt, et un moyen de contenir nos nouveaux sujets dans l'impuissance de s'opposer à notre entreprise, jusqu'à ce qu'ils soient convaincus que la sécurité de leurs personnes et de leurs biens se trouve dans le régime du droit commun qu'on doit leur appliquer.

En envisageant les moyens d'atteindre ce double but, trois questions principales se dégagent de la situation, toutes les trois aussi éloignées d'une solution que le lendemain de la conquête, et vers laquelle elles n'ont pour se diriger que des essais devenus stériles, des folies ruineuses, des tentatives avortées et les débris encore fumants du monstrueux édifice au-dessous duquel s'était creusé l'abîme où a failli s'engloutir, en un jour, tout ce que la France avait fait pendant quarante ans dans la Colonie, à force d'hommes et de millions.

Il faut : 1° Déterminer les centres qui conviennent le mieux à la défense du pays et à la colonisation et les rendre immédiatement disponibles ; 2° Trouver les moyens les plus prompts de les peupler ; 3° Remplacer les bureaux arabes par une administration civile et l'entourer d'éléments capables de la faire respecter.

La première de ces entreprises est toute matérielle et ne peut offrir que des obstacles qu'il est facile d'aplanir par les moyens dont la France dispose, et pourvu que ces moyens soient combinés et dirigés avec l'ensemble et l'unité qu'exige une œuvre définitive, sur laquelle on ne doit jamais avoir lieu de revenir.

La deuxième présente des difficultés d'autant plus sérieuses, qu'elle tient à des mobiles purement humains qu'il s'agit de déterminer par des considérations morales ou d'intérêts matériels. L'abandon ou plutôt le mépris que l'on a fait pendant vingt ans de la Colonie européenne, avait rendu cette question presque insoluble; et ce n'est qu'en reniant tout ce qu'on a fait pendant cette triste époque, remplie de fautes, d'extravagances et de crimes, qu'on parviendra à lui donner une solution conforme aux intérêts et à l'honneur de la France.

La troisième préoccupe à bon droit le gouvernement local et, par suite, celui de la Métropole ; d'abord à cause de son urgence et ensuite par l'importance que l'on donne aux difficultés qui l'entourent ; difficultés que l'on doit considérer plutôt comme des embarras momentanés que la volonté ferme du chef de l'Etat fera disparaître quand elle sera mieux édifiée. Ce sont, d'en bas, les criailleries, les intrigues des intérêts blessés, des ambitions déçues du parti vaincu ; et, d'en, haut les fausses appréciations, les réticences, les mille formes d'une hostilité occulte de la part de grands personnages, se recommandant par de longs services et une certaine valeur personnelle ; mais trop jaloux de voir déchirer les voiles d'un passé où se trouvent en même temps, et le point de départ d'une brillante carrière civile ou militaire lestement fournie, et la source d'une fortune personnelle souvent par trop scandaleuse.

Mais c'est par dessus tout un énorme malentendu, tellement grossier qu'il aurait dû depuis longtemps sauter aux yeux des moins clairvoyants.

Ce criminel malentendu, que nous avons le droit de qualifier ainsi, consiste à faire tomber sur tous les officiers de l'armée, ces types de la vieille loyauté française, toutes les exactions, toutes les injustices, tous les crimes que les grands chefs arabes commettaient contre les malheureuses populations que leur avait livrées une politique infernale ; déguisant à dessein les difficultés, les périls que cette situation créait aux officiers militants des bureaux arabes, chargés de faire respecter notre autorité ; oubliant ce que de lugubres événements enregistrés par l'histoire ne permettront jamais de dissimuler, c'est que la masse de ces jeunes officiers, pris parmi les plus intelligents et les plus instruits, ont été, à certaines époques et sous le commandement de certains de leurs chefs, heureusement rares, que leur élévation prématurée rendait inviolable, a été exposée à voir ses services punis ou méconnus.

L'empire a fait en Algérie ce qu'il n'aurait jamais osé faire en France, où l'opinion publique mettait un frein à ses extravagances. Il a commis contre les Arabes un crime de lèse-humanité ; et contre l'armée, celui d'avoir livré l'élite de ses officiers aux appétits monstreux des chefs qu'il avait tirés des repaires de la population arabe et à l'ambition insatiable de ses créatures. Mais revenons à notre sujet, tout ceci appartient à l'histoire.

CHAPITRE II.

QUELQUES CONSIDÉRATIONS. — SYSTÈME DU COLONISATION DU MARÉCHAL BUGEAUD DÉMONTRÉ PAR DES EXEMPLES

Tout le monde convient que la présence d'une armée est indispensable à la sécurité du pays. Mais si son rôle dorénavant ne peut être qu'expectatif à l'égard des indigènes, il ne doit pas en être de même à l'égard de la Colonie, que la France ne peut solidement constituer qu'avec les éléments que cette armée renferme ; c'est ce que nous allons essayer de démontrer par le simple exposé du système fondamental que le maréchal Bugeaud avait inauguré en Algérie.

L'illustre maréchal Bugeaud est bien, sans contredit, le plus remarquable gouverneur que nous ayons eu, et le premier qui eut pris à cœur de fonder la Colonie sur des bases telles, qu'elle pût s'élever à la hauteur de la mère-patrie et en faire une nouvelle France.

Le projet que nous élaborons ici est l'œuvre collective de quelques notables du pays, presque tous contemporains de l'époque Bugeaud. Formulé depuis quelques mois, nous n'avons cru devoir lui donner quelque publicité qu'après avoir vu notre nouveau Gouverneur se rapprocher de ce système jusqu'à en prendre publiquement la devise. Avant, c'était risquer de voir notre initiative livrée au ridicule par les uns et considérée par les autres comme un blâme prématuré de tout ce qu'on pouvait entreprendre en dehors de nos idées.

Que le gouvernement civil entre franchement dans la voie que Bugeaud avait tracée par des vestiges ineffaçables, et il peut être sûr d'y être accompagné par les vœux et le faible concours de tous ceux que leurs travaux dans l'agriculture, l'industrie et le commerce doivent faire considérer comme les véritables soutiens de la Colonie ; qui sont si étrangers aux tendances politiques que leur prêtent des écrivains passionnés et ennemis de leurs intérêts, qu'ils ne comprennent malheureusement pas ce que le rôle qu'on leur fait jouer a de méprisable et de décourageant aux yeux du nouveau gouvernement de la Colonie, quand celui qui en est investi a épousé leurs griefs et leurs aspirations avec la témérité du marin et la loyauté du gentilhomme ; et ce qu'il a de dangereux auprès de celui de la Métropole, aux yeux duquel on nous dépeint comme méritant, au même titre que les Arabes, les mêmes moyens de répression.

Avant de se livrer aux grandes entreprises que nécessite l'organisation de l'Algérie entière, il est bon de calculer que les ressources du pays sont bornées et qu'il serait aussi injuste qu'illusoire d'attendre que la Métropole vienne les accroître tant qu'elle n'aura pas satisfait aux obligations que les malheurs de la guerre lui ont imposées. Il faut aussi que le gouvernement local se persuade que dans la voie des réformes et des innovations qu'il doit carrément aborder, il ne trouvera que de mauvais guides dans les vestiges, les exemples et les hommes que l'empire a laissés dans le pays ; quelle que soit l'honorabilité de ces derniers, c'est tout au plus s'il pourrait s'en faire des instruments dociles à ses vues. C'est pourquoi nous pensons que ce n'est que dans l'arsenal où le Maréchal avait réuni les instruments de toute nature nécessaires à son œuvre.—Force matérielle tirée de l'armée, mesures judiciaires ou administratives prises dans la loi commune, dans les ordonnances qu'il provoquait, dans les arrêtés qu'il prenait en sa qualité de Gouverneur, etc.,— où l'on puisse trouver à chaque difficulté qui se présente un moyen de l'aplanir, sans sortir de la légalité la plus stricte, sans faire sortir l'armée des bornes de la discipline et des devoirs qui lui sont prescrits ; que ce n'est que par les idées de Bugeaud sur le peuplement et la civilisation des Arabes, sagement appliquées qu'on peut, dans les circonstances actuelles, mettre en œuvre les éléments anciens et nouveaux que possède la Colonie ; que ce n'est qu'ainsi qu'on pourra implanter sur le sol des groupes nombreux d'une population nouvelle, couvrir le pays d'un ensemble de travaux indispensables ; le tout sur un plan définitif et sanctionné par une loi, de manière que son exécution, tout en marchant plus ou moins rapidement, se poursuive inévitablement et pourtant sans demander à la Mère-Patrie d'autres sacrifices que ceux commandés par la situation en tout état des choses.

Depuis que la question algérienne a été remise sur le tapis, quelques publicistes de la Métropole ont reporté leurs souvenirs vers Bugeaud, en conseillant, comme nous le faisons, de prendre ses essais de colonisation pour le modèle de ce qu'il y avait à faire.

Mais nous avons vu avec regret que ses meilleurs procédés étaient mal compris par la manière dont on interprète sa devise : *Ense et aratro*, qu'il avait empruntée aux légions romaines. C'est une erreur qu'il importe avant tout de rectifier, car sa pensée intime se trouve dans ces deux mots. Le premier fondateur de la Colonie connaissait trop bien les choses et les hommes pour ne pas savoir que l'arme de l'homme de guerre et le manche de la charrue placés dans des mains différentes ne pouvaient que se nuire au lieu de s'entr'aider ; que bien plus, ces deux armes si opposées, maniées alternativement par les mêmes mains, ne pouvaient l'être utilement qu'autant que ces mains étaient jeunes : à 25 ans, le militaire a choisi sa carrière ; s'il reste fidèle aux souvenirs du foyer paternel, il ne songe qu'au moment d'y rentrer avec la seule ambition d'y vivre en travaillant, d'y avoir une femme et des enfants et d'y mourir, comme ont fait ses ancêtres. S'il embrasse définitivement l'état militaire, il devient un mauvais travailleur, quand il ne devient pas un mauvais soldat. Ainsi, le Maréchal nous a donné dans son soldat laboureur, la traduction fidèle de la devise qu'il avait inscrite en tête de son œuvre.

Au surplus, l'histoire nous apprend que dans tous les pays occupés par les Romains, les légions militaires commençaient après la conquête, par faire des routes, élever des aqueducs, défricher et labourer les meilleures terres ; et ce n'était qu'après ces premiers travaux que les patriciens avec leurs esclaves venaient fonder ces splendides colonies que nous admirons encore aujourd'hui dans les ruines que nous voyons à chaque pas surgir du sol si riche de notre Algérie.

Bugeaud voulait imiter les Romains avec cette différence : qu'au lieu d'esclaves, il voulait peupler le pays d'hommes libres et chrétiens ; et que, loin de repousser les indigènes, il voulait les amener à nous par des bienfaits.

Le véritable moyen de rendre compte de son œuvre c'est, nous croyons, de faire voir comment il procédait à son établissement ; et après ce premier coup d'œil, nous verrons comment ses procédés peuvent servir à résoudre les difficultés de la situation actuelle.

Dans l'établissement d'un centre de population européenne,

la question stratégique était celle qui dominait toutes les autres ;
la bonté des terres à laquelle il avait certainement égard, n'était
que secondaire. Quant à leur étendue et à leur prise de possession, il avait un moyen à lui qui ne souffrait aucune difficulté,
ni la moindre lenteur. Une fois l'emplacement de son village
déterminé, pour former son territoire, il coupait dans les terres
d'alentour, la loi d'expropriation pour cause d'utilité publique
à la main, comme un tailleur coupe dans une pièce de drap un
habit de gala. Puis il installait immédiatement ses colons, sauf
à régler ultérieurement l'indemnité due aux expropriés, amia-
blement ou par les voies légales.

Sans parler des villages du Sahel, qu'il établit en assez grand
nombre et de manière à tenir tête aux Arabes restés dans la
contrée, c'est ainsi qu'il créa Douéra, Boufarik, Beni-Méred ;
trois points stratégiques partageant la Mitidja en deux et se
dirigeant en droite ligne vers Blida, le centre le plus important de la plaine.

Douéra et Boufarik furent peuplés avec les commerçants que
l'armée avait entraînés à sa suite dans les deux camps établis en
ces lieux. Ces colons improvisés bâtirent et mirent en rapport
leurs concessions au moyen des bénéfices qu'ils réalisaient dans
leur commerce.

Mais arrivé à Beni-Méred, le Gouverneur sentit que le moment était venu de donner à ses soldats un premier gage
des promesses qu'il leur faisait si souvent en vue de les exciter
au travail : *Travaillez, mes enfants, leur disait-il, et quand
vous aurez votre congé, je vous donnerai pour vos vieux jours
un coin de cette terre que vous aurez arrosée de votre sang et
de vos sueurs.* Et il peupla Beni-Méred avec des militaires
libérés du service.

Les promesses du bon Gouverneur, suivies d'effets collectifs
ou partiels, avaient eu un grand retentissement dans toute son

armée, et y avaient fait naître de nombreuses espérances. Elles se trouvent encore aujourd'hui, à l'état légendaire, dans la mémoire de tous les survivants.

. Nous bornons là, pour le moment, ce rapide exposé, et quelque bref qu'il soit, nous trouverons dans les aperçus qu'il renferme, des armes propres à soumettre les Arabes sans les rougir de leur sang ; des instruments habiles à organiser et harmoniser entre elles les diverses parties du pays, et des germes féconds capables d'y faire fleurir de nouvelles populations dans lesquelles viendront un jour se fondre les populations indigènes.

CHAPITRE III

BASES DE L'ŒUVRE : ELLE EST SÉCULAIRE ET SANS LIMITES. — COMMENT, PAR LE SYSTÈME BUGEAUD, ON CONSTITUE LE DOMAINE COLONIAL AU POINT DE VUE DE LA DÉFENSE ET DE LA COLONISATION.

Personne ne peut connaître encore l'étendue des terres que le séquestre d'un côté et la constitution de la propriété individuelle de l'autre doivent faire entrer dans le Domaine de l'Etat. Mais on se demande comment on pourra les utiliser dans les nouveaux villages qu'on se propose d'établir. On n'ira certainement pas installer une ou plusieurs familles d'immigrants dans le marabout du fameux cheik El Addad, qu'on nous dit être perché sur un des pics les plus élevés du grand Atlas ; ni construire un village sur les plateaux d'une montagne inaccessible, séquestrés sur une tribu révoltée.

Il y a quelques années, on faisait fonctionner dans les territoires civils en contact avec le territoire militaire, une commission dite des *Partages et Transactions*. Elle n'aboutirait, dans les circonstances actuelles : qu'à de très mauvais résultats ; les décisions d'une pareille commission ne pouvant avoir pour sanction que le consentement amiable des parties, les Arabes se montreraient si exigeants que les soultes à payer s'élèveraient au dessus de la valeur réelle que donneraient à leurs terres le jury d'expropriation le plus impartial.

Mais supposons que l'on imagine un expédient capable de ramasser, parcelle par parcelle, toutes les terres domaniales et de les réunir dans deux ou trois plaines du Tell. — Il faut passer par dessus la plaine du Chélif : — sa colonisation est acquise à l'industrie privée ; le chemin de fer fera là ce qu'il fait dans tous les autres pays : il y amènera des hommes et des capitaux destinés à l'agriculture, et avant peu d'années, la plaine du Chélif aura plus d'Européens colonisant que la plaine de la Mitidja. Que sur ces terres on établisse les milliers de familles à qui on a concédé cent mille hectares. Ce serait sans doute un bel appoint pour la colonisation. Mais à part cela, quel changement en résulterait-il pour l'organisation générale du pays ? Il resterait toujours un pays complètement arabe qu'il faudrait gouverner. Se servirait-on pour cela d'une institution analogue à celle des bureaux arabes, en y faisant entrer quelque chose de l'élément civil ; ou bien les gouvernerait-on civilement sous l'égide de la force armée ? Il faudrait dans ce cas une armée de gendarmes ou distraire l'armée active de sa véritable destination. Ni l'une ni l'autre de ces combinaisons, si bien qu'elles fussent agencées, ne sauraient faire œuvre qui dure. Il y a des incompatibilités de plusieurs natures ; et, partout où elles se rencontrent, on doit les respecter ou plutôt les éviter. Ce qui est aujourd'hui une des grandes préoccupations des hommes qui ont à cœur le salut de la France, c'est de faire disparaître tout antagonisme entre l'autorité civile et l'autorité militaire, entre l'armée et la masse de la nation, sous peine d'une décadence prochaine par le despotisme d'un seul ou par le régime révolutionnaire à l'état permanent.

Si nous avons bien compris les idées du maréchal Bugeaud, nous croyons rester dans les limites du plan général qu'il avait conçu en proposant une série d'opérations radicales qui auraient pour effet de couper court aux difficultés du moment, de préparer l'avenir sans obérer le présent.

1° La création par le gouvernement et la Métropole d'une commission composée d'officiers supérieurs les plus compétents, ayant fait la guerre en Afrique, qui serait chargée de reconnaître les points stratégiques les plus importants sur toute l'étendue de la Colonie et de désigner, autour de chacun de ces points, une zone dans laquelle il faudrait établir de nouveaux centres de population européenne.

2° Viendrait ensuite une commission civile composée de savants et d'agriculteurs experts, pris en partie parmi les notables de la Colonie, à laquelle serait confiée la mission de fixer l'emplacement des villages et l'étendue de leur territoire dans la zone déterminée par la commission militaire, au triple point de vue de la salubrité de l'air et des eaux alimentaires, de la bonté des terres et de l'exposition générale.

3° Ces deux opérations terminées, et après que les agents du service topographique auraient fixé le périmètre des villages, le Gouverneur général ferait exproprier, en temps utile, pour cause d'utilité publique, les terres qui les composeraient.

Les travaux de ces deux commissions et ceux du service topographique qui en sont le complément, seraient exécutés d'urgence et seraient définitifs pour deux motifs : 1° Ils serviraient à établir le noyau de tout ce qu'on entreprendrait dans l'avenir pour peupler le pays par la colonisation ;

2° Mais surtout parce que les terres comprises dans les centres délimités et leurs dépendances deviendraient immédiatement un objet d'échanges, en ce sens que les propriétaires expropriés ou menacés de l'être les céderaient contre des terres domaniales situées en divers lieux, que leur exiguïté ou leur position ne permettrait pas de faire entrer dans le cadre général qu'on aurait fixé. Pour qui connaît la manière d'être des Arabes, il n'est pas douteux que ceux qui seraient expropriés ne préférassent un échange de terre à une indemnité pécuniaire. Qu'un paysan européen aime mieux, dans un cas donné, un équivalent en argent plutôt qu'en nature, cela se conçoit : il peut employer son capital dans le commerce, dans l'industrie, dans une nouvelle acquisition ; mais l'arabe de la plaine comme celui de la montagne, lui, ce pauvre abandonné de Dieu et des hommes, qui ne sait vivre que d'un peu de terre où il plante sa tente et dont les maigres fruits qu'il en tire sont la seule ressource qu'il ait pour se nourrir, lui, sa femme et ses enfants, attacherait bien plus d'importance à un jardin ou à un champ qu'à un pécule qu'il va cacher, non pas tant par la grande avarice qu'on lui reproche que par le manque de moyens de l'utiliser.

Mais ces premières mesures ne serviraient qu'à bouleverser le pays si les bases de l'œuvre ne devaient être inébranlables comme les pics qu'on lui aurait donnés pour lui servir de jalons. Et comme son accomplissement ne pourrait avoir lieu que par une longue suite de générations, le jeune peuple qui en naîtrait devrait, s'il voulait devenir fort et robuste, être à l'abri des convulsions politiques et sociales qui tourmentent les vieilles nations de l'Europe. L'œuvre devrait être surtout à l'abri de tout empiétement de la part du gouvernement local dont les fonctions ne tireraient leur raison d'être que de la nécessité d'une autorité supérieure, seule capable d'en diriger sur les lieux les opérations, de lui conserver son unité et de la défendre contre les attaques des ambitions locales des contrées où elle se développerait.

Si l'espace ne nous manquait pas, ce serait ici le lieu de traiter cette question pleine d'actualité, que les plus grands ennemis de la Colonie viennent de remettre sur le tapis, l'*Assimilation*. Qu'il nous suffise de dire aujourd'hui que parmi ses instigateurs on distingue, en première ligne, les séparatistes bien avoués de l'époque révolutionnaire, nouvellement ligués avec les hommes tombés du royaume arabe, n'ayant les uns et les autres qu'un seul et même but : séparer l'Algérie de la France et en former un autre Mexique. Viennent à leur suite ceux qui les soutiennent de bonne foi, au point de vue de leurs doctrines politiques, sans savoir, quelque savants qu'ils soient du reste, qu'en dehors de la colonie européenne — qui tiendrait amplement corps et biens, dans un petit département de France, — tout le reste, hommes et choses, est si différent en la forme et au fond de ce qui existe dans la Métropole, que l'Algérie est aussi étrangère à la Mère-Patrie que si elle était à ses antipodes, et qu'elle a autant besoin d'un gouvernement fort avec des pouvoirs très étendus que sa plus lointaine colonie.

Ainsi, pour commencer, le Domaine de l'Etat, éparpillé dans toute la Colonie, se trouverait réuni sur les points les plus importants à défendre, et se composerait des terres les plus utiles à la colonisation.

Oui ! la France avec l'omnipotence que ses lois donnent à l'Etat, avec le crédit et les ressources qu'elle possède, avec l'emploi judicieux des forces vives qu'elle ne peut utiliser qu'en Algérie, peut, sans bourse délier, faire plus que des particuliers avec des centaines de millions.

Un obstacle sérieux pourrait entraver les opérations que nous venons d'indiquer : c'est l'état de la propriété entre les mains des Arabes. Dans un grand nombre de tribus, la propriété individuelle n'est pas constituée. Le maréchal Bugeaud avait rencontré un obstacle à peu près de la même nature dans les territoires civils. Il fit constituer par l'ordonnance de 1846 un conseil dit *Conseil du contentieux*, chargé de délimiter les propriétés, d'en vérifier les titres et de les homologuer. Les membres de ce conseil, pris dans le personnel du Conseil d'Etat, quoique étrangers au pays, à la langue, aux us et coutumes des indigènes, remplirent leur mission à la si grande satisfaction de ces derniers et des Européens, que pas une de leurs décisions, que nous sachions, n'a été frappée d'appel dans l'étendue de la province d'Alger. Pareil conseil pourrait être établi avec un personnel en rapport avec le nombre des affaires et les attributions nouvelles qu'on pourrait lui conférer. On ne trouverait pas dans la Colonie les éléments d'un semblable conseil à moins d'arracher à leurs siéges un grand nombre de magistrats indispensables au bon rendement de la justice.

CHAPITRE IV

DE LA NATURE DES TERRES DE L'ALGÉRIE. — DES VILLAGES FONDÉS PAR BUGEAUD. — DES VILLAGES FONDÉS PAR LA RÉPUBLIQUE DE 1848. — RÔLE DE L'ARMÉE.

Avoir des terres n'est donc pas une affaire onéreuse ; mais reste à savoir si ces terres, telles qu'elles sortent d'entre les mains des Arabes, peuvent être livrées de bonne foi et sans danger à de nouveaux immigrants.

Ici, nous sommes obligés de soulever une question sur laquelle nous serons en contradiction avec tous ceux qui ont écrit et qui écrivent chaque jour sur l'Algérie, mais où, heureusement, nous nous trouverons en parfait accord avec tous nos anciens agriculteurs.

Il n'y a qu'un concert pour vanter la fertilité des terres de l'Algérie. Oh certainement ! cultivées comme elles l'étaient du temps des Romains, elles devaient être aussi fertiles que celles des magnifiques plaines de l'Andalousie, de Valence, du Languedoc, de la Provence, de la Rivière de Gênes, etc. Et même, à bien considérer les avantages que leur donnent l'exposition à l'égard de la mer, l'abondance des eaux que l'Atlas jette à grands flots et de tous côtés sur nos coteaux et dans nos plaines ; l'exubérance de végétation des végétaux les plus productifs de l'Europe, comme l'olivier et le caroubier ; à bien examiner les résultats merveilleux que l'on voit sortir d'une bonne culture européenne, on ne peut les considérer comme devant leur être supérieures. Mais depuis un millier d'années qu'elles sont en la possession des sectateurs de Mahomet, elles sont devenues aussi sauvages qu'eux. Je ne sais quel est l'agronome à l'eau de rose qui a inventé les terres vierges en leur attribuant une fertilité telle qu'elles donnent des produits abondants presque sans culture pendant de longues années. Les terres vierges de cette nature sont un contre sens monstrueux en agriculture.

Depuis que l'homme laboure la terre — et il y a longtemps, — tout le monde sait, le simple laboureur comme le savant, que c'est le soleil qui la fertilise ; que c'est pour cela qu'on lui ouvre les flancs, qu'on la déchire, qu'on la réduit en poussière afin de la rendre perméable à la chaleur du soleil, aux pluies et à la rosée du ciel et aux sucs atmosphériques. Les terres d'Afrique, outre leur infécondité provenant de leur inculture, sont remplies de palmiers nains, de broussailles, de racines qui les rendent inabordables et dont il faut les débarrasser avant tout. Or, pour défricher un hectare venant des Arabes, c'est-à-dire pour le rendre labourable d'un bout à l'autre, en long et en large, il faut dépenser au moins 150 francs. Personne ne contestera ce chiffre et beaucoup le trouveront au-dessous de la moyenne.

Et cela, sans compter le nivellement, le dérochement, la purge des mauvaises herbes : les travaux qu'ils nécessitent pouvant se faire peu à peu et à la longue, sans entraver l'exploitation. Il est vrai qu'après ce premier travail, les terres ont une fertilité factice qu'elles puisent dans l'humus que les plantes sauvages, en se renouvelant, ont laissé à la surface du sol ; mais cette fertilité ne dure pas plus que les diverses phases que l'on donne à la lune de miel : c'est le seul trait d'analogie qu'elles puissent avoir avec les *terres vierges* en question qui n'existent pas plus en Algérie qu'ailleurs, qu'on ne voit que dans les contes des fées.

Mais ce travail préparatoire, que nous évaluons en chiffres, afin d'en mieux préciser l'importance, n'est rien en comparaison des dangers qu'il fait courir à la vie et à la santé des travailleurs. Toutes ces terres, même celles que les Arabes égratignent avec leur araire en bois et sans fer, vomissent contre ceux qui fouillent leurs entrailles des miasmes pestilentiels, produisant chez les uns des accès pernicieux presque toujours mortels, et chez d'autres des fièvres d'une nature particulière très difficiles à déraciner. Ce fait est grave et mérite preuve.

Ouvrons l'histoire de la colonisation, non pas celle qu'on écrit dans les livres et dans les journaux, mais celle que l'on trouve gravée dans la mémoire des contemporains des deux époques où des essais sérieux de colonisation ont été exécutés sur une certaine échelle. Ces témoins sont encore nombreux, et seront dignes de foi si on les prend parmi les officiers de l'armée de Bugeaud et dans les vieux colons des villages, qu'une grande énergie, jointe à beaucoup de prudence, a préservés de ces premiers dangers. La première de ces deux époques comprend les villages fondés par Bugeaud, et la deuxième ceux improvisés par les hommes de 48.

Tous les centres créés par le Maréchal l'ont été avec le concours de l'armée : celle-ci exécutait non-seulement les travaux incombant à l'Etat, mais encore une partie de ceux laissés à la charge des colons. A Boufarik. ce marais infect, autour duquel les Arabes eux-mêmes se tenaient à une certaine distance, les premiers et les plus importants travaux d'assainissement et de culture ont été faits par les troupes, et sans que la santé des hommes en ait eu à souffrir : à des jours fixes et sans attendre des symptômes alarmants, les travailleurs de chaque chantier étaient remplacés par des hommes frais. D'un autre côté, les colons de ces premiers établissements, pris dans l'armée ou dans la population civile, avaient tous subi les rigueurs de l'acclimatement. Et quoique cela, ils apprirent bientôt par de cruelles expériences que le défrichement ne pouvait être abordé sans danger qu'à certaines saisons. Ils furent obligés de se ralentir dans leurs premières ardeurs ; d'où vient qu'il n'est pas de village de cette époque qui n'ait dans son territoire des étendues plus ou moins grandes restant à défricher.

On ne prit pas autant de précautions en établissant les villages de 48. Les hommes de cette époque, très bien intentionnés d'ailleurs, se figuraient qu'en éparpillant sur le sol, à tort et à travers, des hommes et des millions, il en sortirait des villages florissants, comme ceux de la première création où s'était déjà dépensé, non pas des millions, mais une masse incalculable de travaux exécutés à propos et à la longue.

Le centre le plus important de cette époque, dans notre province fut Marengo. Il eut pour fondateur un officier d'élite dont les aptitudes et les connaissances spéciales furent mises avec un dévouement sans bornes à la disposition des nouveaux immigrants. Qu'on demande à M. le colonel de Malglaive, ce sincère ami de l'Algérie, dont la voix s'élevait naguère, lorsqu'un grand personnage de fraîche date ouvrait la bouche en menaçant l'Algérie de lui dire *ses vérités,* combien de colons lui man-

quaient à l'appel à la fin de la première année ; combien à la fin
de la deuxième. Mais à la fin de la troisième, il n'en avait pas
le dixième : nous sommes en mesure de le constater.

S'il en fut ainsi de Marengo, que l'on juge des autres villages
moins importants, la plupart établis et situés dans de moins
bonnes conditions, où l'autorité illimitée du chef, par son ignorance du pays, s'exerçait presque toujours contrairement aux
lois d'une hygiène que prescrivaient les mauvaises influences du
climat. La mortalité et la dispersion excitée par l'épouvante que
la mort répandait dans presque tout ces nouveaux foyers, y
furent encore plus grandes : dans l'un d'eux que nous pourrions
citer, arriva un jour où il n'y avait que deux êtres vivants : le
garde-champêtre et le cordonnier.

Ce tableau est triste, il est vrai, mais quelque incontestable
qu'il soit sur tous les points, il ne serait pas sorti de la plume
de vieux Algériens comme nous, si nous n'avions eu à cœur de
signaler les fautes du passé afin de les éviter dans le moment
suprême où les destinées de notre patrie adoptive se débattent
contre les attaques d'ennemis puissants et acharnés. Que les
Alsaciens et les Lorrains, que nous attendons en leur tendant les
bras comme à des frères, viennent à avoir le sort des colons
de 48, l'opinion publique en France en sera révoltée. Tout ce
que nous avons souffert pendant 20 ans aura sa raison d'être ;
tout ce que nous avons signalé, montré au doigt sera taxé de
calomnie ou tout au moins d'exagération. Nos ennemis triom-
pheront, et à nous, notre position sera pire qu'avant notre vic-
toire d'un jour que nous aurons risquée et perdue, par une folle
précipitation, dans des entreprises inconsidérées.

Et la France aura la honte aux yeux des nations de n'avoir
pu rien faire de cette Colonie, unique dans le monde, qu'elles
lui envient ; dans laquelle la Métropole peut s'étendre à son
aise en y déroulant ses plus riches provinces sur un sol im-

mense, où, loin de s'amoindrir, elles ne trouveraient que de nouvelles richesses.

La Méditerranée, entre la France et l'Algérie, n'est *ni plus ni moins* qu'une forte rivière qui coupe une propriété en deux, tout en fertilisant ses deux rives par les richesses que ses eaux leur apportent.

Mais nos frères de Lorraine et d'Alsace ne sont pas encore à nos portes, et on aura le temps, si on sait revenir à la manière toute paternelle dont Bugeaud traitait ses colons, de leur préparer une hospitalité digne de leur patriotisme.

Qu'on reconstitue l'armée d'Afrique sur les bases que lui avait données notre grand Maréchal, et surtout qu'on lui donne des éléments de travail où le soldat, après avoir rempli tous les devoirs de son instruction militaire, satisfait à tous les besoins du service, puisse dépenser dans des occupations utiles cette énergie, cette exhubérance de forces que l'on n'a qu'à 25 et 30 ans, au lieu de les perdre dans l'oisiveté des camps au préjudice de ses plus belles facultés. Que d'aptitudes dans tant de jeunes hommes arrachés à la charrue ou à l'atelier ! Quelle immense force dans tant de milliers de bras ?... Les richesses qu'on pourrait en tirer sont perdues pour l'État, perdues surtout au préjudice d'un grand nombre d'entre eux, chez lesquels s'éteint l'amour du travail et par suite le souvenir de la famille et le sentiment de la patrie. Après quelques années d'une vie pour laquelle ils se croyaient faits, la paresse les en dégoûte ; et ils vont grossir cette armée vagabonde de parias que l'on retrouve partout, dans les dépôts de mendicité, dans les hôpitaux, dans les prisons et surtout sur le pavé des grandes villes, toujours au service des plus mauvaises passions.

Le gouvernement de la Métropole ainsi que ses représentants comprendront que les indigènes encore tout palpitants de la lutte où ils viennent de succomber, frappés dans leur personne et dans leurs biens auront besoin pendant longtemps d'être maintenus par la présence d'une armée imposante et qu'on ne devra diminuer qu'en proportion de l'importance que prendront les populations établies au milieu d'eux : importance qu'il faudra calculer, non pas tant sur le nombre que sur l'influence que leur contact avec eux ne manquera pas d'exercer sur leurs dispositions à notre égard.

Cette armée, échelonnée dans tout le Tell sur la ligne déterminée par la commission militaire, n'aurait pas un seul coup de fusil à tirer : sa présence seule suffirait à assurer la tranquillité du pays d'abord, et ensuite à permettre aux agents de l'autorité civile de fonctionner en toute sécurité dans les tribus avec l'assistance de deux gendarmes.

L'obligation ou plutôt le privilége qu'aurait cette armée de se livrer à divers travaux permettrait à l'État de faire par elle tous ceux qu'il doit à titre de travaux publics. L'appropriation des centres nouveaux destinés aux immigrants étant une nécessité de premier ordre se ferait encore par elle et au fur et à mesure des besoins.

Mais pendant qu'une partie des troupes construirait des routes, des aqueducs, des édifices publics, quel inconvénient y aurait-il que les autres fassent de l'agriculture, ne fut-ce que des céréales et des fourrages dans les terres qu'ils viendraient de défricher. Sans entrer dans les détails économiques de pareilles exploitations, ni de leur organisation, que la discipline militaire rend si facile, il ne sera douteux pour personne que le travail de cent hommes, bien dirigés, ne suffise aux besoins de deux cents hommes au moins Dans les contrées agricoles d'Europe, les bras d'un seul homme suffisent souvent à nourrir et à entretenir une famille de 4 à cinq membres.

S'il se trouvait en France un général de la trempe de Bugeaud, avec son génie tout à la fois guerrier, agricole et industriel, il serait capable de faire vivre, en Algérie, dans l'abondance de toutes choses, une armée de cent mille hommes avec le seul produit de son travail... Et les services qu'il rendrait à la Colonie, sans déplacer un seul arabe, seraient incalculables.

CHAPITRE V.

DU PEUPLEMENT. — ESSAIS INUTILES OU RUINEUX DES COMPA-GNIES AMÉRICAINES DE COLONISATION, COMPARÉES AUX SOCIÉTÉS GÉNEVOISE ET ALGÉRIENNE. — L'ALGÉRIE NE PEUT ATTENDRE DES IMMIGRANTS QUE DE LA FRANCE. — BUGEAUD NOUS INDIQUE OU IL FAUT LES PRENDRE ET NOUS DONNE LES MOYENS DE LES ATTIRER.

Mais il ne doit pas être question pour la France d'utiliser les terres de la Colonie au profit de l'armée, mais bien de les peupler d'Européens. C'est à cette fin qu'elle tend depuis trente ans ; et c'est là la grande difficulté à résoudre que nous allons aborder.

On se demande comment il se fait que l'Algérie, placée au centre et à deux pas des nations du globe qui regorgent le plus de population, avec sa Colonie fondée par des Français dont le caractère et les allures plaisent même à ceux des étrangers qui dénigrent le plus le corps de la nation ; régie par des lois que copient les autres peuples ; vivant de cette liberté, fille des mœurs,.si différente de la liberté politique qui court les rues que quand celle-ci gémit au fond d'une prison, *l'autre n'en est que plus vive et n'en rit que plus fort au nez des oppresseurs,* on se demande pourquoi cette seconde France n'a pas été envahie par tous les émigrants de l'Europe dont s'enrichit l'Union

Américaine, alors que nous demandons depuis 30 ans des colons au monde entier.

La raison en est bien simple, c'est que nous avons fait tout ce qu'il fallait faire pour repousser, non-seulement les étrangers, mais encore nos nationaux. Je ne citerai qu'un seul fait, mais il est capital ; il parait incroyable, mais personne ne saurait le contester, ni même l'atténuer. Depuis 20 ans, l'Administration a répondu invariablement, sauf les cas de faveur bien entendu, à ceux qui se sont présentés ayant à la main un titre donnant droit à une concession de terres domaniales : *Nous n'avons rien de disponible pour le moment, cherchez toutefois vous-même, et si vous trouvez quelque chose qui vous convienne. nous nous empresserons de vous le donner.* J'en appelle au témoignage de tous les Algériens, voire même à celui des agents de l'administration, du simple employé comme du premier fonctionnaire ; et leur aveu leur sera d'autant plus facile, qu'ils ont une excuse légitime dans l'impuissance où ils se trouvaient et dont ils étaient, pour la plupart, les premiers à gémir ; impuissance qui résulte du reste, du système diabolique qui enserrait dans ses griffes Européens et Indigènes.

La colonie européenne était parquée dans des limites très étroites le long du littoral. · Le renégat !... Il nous avait condamnés, nous chrétiens, à ne faire que des choux et des navets à l'usage de ses hauts et nobles sujets du royaume arabe. Les terres domaniales étaient rares en territoire civil ; et dans le peu qui en restait, les unes étaient réservées aux privilégiés, sous le prétexte qu'elles étaient destinées à la création de nouveaux villages ; les autres n'étaient pas soi-disant liquidés et étaient sujettes à des revendications.

Le territoire militaire venait jusqu'aux portes de nos villes et de nos villages. Bien loin de pouvoir y acquérir, il était défendu d'y pénétrer. Il y avait bien des entrées de faveur : mais ceci est en dehors du sujet.

Le missionnaire français est bien, sans contredit, celui qui a donné à son pays le meilleur renom chez les peuples éloignés.

Les expéditions lointaines par terre ou par mer, on a beau dire, ne répandent que l'épouvante, ne sèment que la haine. Mais les hommes de Dieu qui depuis des siècles, avec le concours de tous les gouvernements implantent parmi les sauvages l'idée chrétienne, en l'arrosant de leur sang, ce sont eux qui ont conquis à la France cette sympathie, cette espèce de culte que professent pour elle les peuples les plus barbares du globe. Eh bien ! il n'était pas permis à nos missionnaires de venir contribuer à l'œuvre régénératrice que nous avons entreprise en Algérie au profit du monde civilisé. La raison d'Etat s'y opposait. Et cette raison d'Etat se formulait, dans tous les actes, sur toute l'étendue de l'empire : *Régner par la corruption*, et comme les mœurs mahométanes ne laissent rien à désirer à cet égard, elles devaient rester inviolables.

Un fait inouï dans toute notre histoire !.... qui prouve combien nous étions tombés, combien il était temps de nous arrêter sur la pente du précipice. Le monarque ténébreux du noir royaume, rompant avec ses habitudes d'hypocrisie pour rester fidèle à son principe, a eu l'audace, sans provoquer un cri général d'indignation, de blâmer un vénérable prélat d'avoir ramassé dans sa robe pastorale les innocentes victimes de la faim, que nous avons vues, en 1867, envahir nos routes, les rues et les places de nos villes et villages, comme les criquets envahissent nos champs après une invasion de sauterelles.

Un colporteur européen pouvait aller faire son trafic en Tunisie et dans le Maroc ; mais les possessions françaises étaient pour lui inabordables. Il y avait péril de la vie pour un *roumi* et les hommes des bureaux arabes, ces bons chrétiens, avaient charge d'âmes. De sorte qu'ils étaient considérés ainsi qu'ils tenaient à l'être, comme les gardiens d'une immense ménagerie remplie de bêtes féroces, dont la rage a été aiguisée pendant 20 ans, par des injustices, des exactions de toutes sortes, et surtout par un mal, le plus irritant de tous.... *La Misère !....*

Et l'on s'étonne aujourd'hui que les Arabes soient plus sauvages qu'aux débuts de la conquête ; et l'on a osé crier à l'extermination !... Mais la France a répondu : *Miséricorde !* La France, rendue à elle-même, répare les crimes commis en son nom : en profiter ce serait se rendre complice de leur exécrable auteur !

Le système de Bugeaud ne périt pas avec lui. Les princes de la maison d'Orléans, ses dociles lieutenants dans l'art de la guerre, et ses puissants auxiliaires dans les travaux de la colonisation, le continuèrent au pied de la lettre.

Après eux, il avait tellement pris racine, non-seulement dans les classes appelées à en bénéficier — les colons et les militaires, — mais encore dans cette pépinière de généraux venus à son école, qu'après que l'Empire eût jeté, comme un mur de la Chine, une barrière infranchissable entre la Colonie européenne et son royaume arabe, nous avons vu Pellissier, son si digne et indomptable continuateur, mourir d'un accès de rage qu'avait provoqué des résistances inattendues.

Les vieux amis que l'Algérie avait au Sénat forcèrent les barrières du royaume arabe : ils firent pour la sauver le Sénatus-Consulte. Mais comme tout ce qui sortait de l'officine impériale était entaché de corruption, son application a jeté la propriété en pays arabe dans un chaos d'où elle ne pourra sortir que par les mesures que nous indiquons, sans violer en rien les droits qui la garantissent, en quelques mains qu'elle se trouve.

Ainsi nous ne sommes pas plus avancés aujourd'hui en fait de colonisation qu'il y a 25 ans. Les fautes du passé n'ont même pas pu nous servir de leçons. Nous en voyons la preuve dans la loi que vient de voter l'Assemblée nationale sur les conditions imposées aux Alsaciens-Lorrains avant de pouvoir prendre possession des cent mille hectares qu'on leur avait concédés *gratuitement* par une précédente loi.

Le système de concession introduit dans la dernière loi n'est pas nouveau : il a été pratiqué pendant quelques années et a été ensuite abandonné à cause des nombreux abus auxquels il donnait lieu. Il avait eu principalement pour effet d'épuiser le domaine colonial en livrant à un trafic honteux les terres destinées à de nouveaux colons. Ainsi, par exemple, il était aussi facile à un trafiquant de concessions d'établir devant le juge de paix les ressources qu'on exigeait et qu'il n'avait pas, qu'il est facile à un officier de l'armée, en épousant une fille sans fortune, de lui constituer fictivement la dot exigée par la loi.

Mais outre que ce système avait le tort de semer la démoralisation en faisant concourir une foule d'individus à des actes frauduleux, il avait encore cet autre malheur : c'était de tenter l'intégrité des magistrats ; de les amener le plus souvent à des complaisances criminelles, sous le prétexte spécieux qu'elles n'étaient nuisibles à personne. De là des passe-droits, des injustices, des scandales, et, par suite, un grand découragement dans la partie saine de la population coloniale.

Hélas ! mon Dieu, l'Algérie, sous la République, qui doit être le règne de la loi, retomberait-elle sous le régime de l'arbitraire et du bon plaisir !... Nous espérons le contraire : cette double loi contradictoire dans son esprit ne peut pas trouver place dans les bases de la nouvelle organisation de la Colonie. D'ailleurs on ne trouverait à l'appliquer ni à nos frères d'Alsace et de Lorraine, ni à tous autres de quelque part qu'ils viennent. Dans tous les cas son établissement est regrettable : suivant Montesquieu, une loi qu'on ne peut pas appliquer dans tous ses termes, est, à l'égard des droits qu'elle veut consacrer ou des intérêts qu'elle veut défendre, pire que si elle n'existait pas.

Si donc les essais de colonisation tentés jusqu'ici ont été infructueux, on a été encore plus malheureux en voulant imiter les Américains, faute d'avoir su se rendre compte des différences. Les compagnies qu'on a établies sur le modèle des leurs n'ont rien produit de ce qu'on attendait ; et pendant que les unes ont des résultats toujours croissants de l'autre côté de l'Atlantique, celles de l'Algérie ont été ruineuses pour les intérêts coloniaux.

En Amérique, on ne livre aux compagnies colonisatrices que des terres complètement désertes, et si éloignées de tout centre de population que les produits utiles que la nature fait croître à la surface du sol, tels que les arbres et les plantes fourragères, ne sont bons qu'à servir de pâture et de repaire à des bandes innombrables de bêtes sauvages, nuisibles aux travaux agricoles et à la sécurité des travailleurs.

Chaque Etat a ses terres propres et en tire le parti le plus convenable. Mais presque partout on les donne à des compagnies, et loin de les leur vendre, il est des États qui leur font des conditions avantageuses de crédit, au fur et à mesure que le peuplement s'opère. Ces compagnies ne trouvent à céder leurs terres qu'à des émigrants qu'elles vont, à leurs frais, recruter dans le monde entier et principalement en Europe. Et comme, en général, les familles qu'elles ramènent n'ont d'autres ressources que le travail de leurs bras, elles reçoivent, à des conditions fixées à l'avance, tout ce qui leur est nécessaire, tant pour leurs besoins personnels que pour ceux de leur exploitation agricole, jusqu'à ce qu'elles puissent se suffire à elles-mêmes. Le gouvernement n'entre pour rien dans ces conventions, si ce n'est que pour en surveiller la moralité. De sorte que si un colon vient à mourir ou à déserter sa tâche avant de s'être libéré des avances faites par la compagnie, tous ces débours sont pour cette dernière une perte sèche. Ainsi, il en résulte forcément que les immenses capitaux employés dans ces vastes entreprises ne reposent que sur la vie, la santé et la prospérité du colon et de sa famille.

De là vient que ces compagnies sont obligées, dans leur propre intérêt, de choisir des emplacements pour leurs villages ou rien ne manque, sous le rapport de la salubrité ; d'y avoir des logements sains, des terres propres à une bonne culture ; et ensuite de faire aux colons des conditions telles, qu'ils puissent arriver en peu d'années à ce degré d'aisance où les intérêts de l'entreprise soient complètement assurés.

Et après la satisfaction donnée aux intérêts matériels de la nouvelle famille, viennent ceux de la vie morale, afin de l'attacher à la patrie nouvelle et de la lui faire aimer. Aussi on voit dans toute colonie européenne le clocher d'une église si les habitants en sont catholiques ; dans les autres c'est le presbytère d'un culte quelconque de la religion protestante : et partout le maître et la maîtresse d'école. La femme, comme dans les grands centres industriels, n'y est pas arrachée aux fonctions que le créateur lui a données dans la vie de l'humanité : plus son sein est fécond et plus elle est considérée. Les enfants qui ne sauraient jamais être assez nombreux, sont vus du même œil que le père et la mère qu'ils doivent bientôt seconder dans leurs travaux et remplacer plus tard quand ils seront infirmes ou qu'ils auront cessé de vivre.

A ne voir que la position faite par ces compagnies à la famille immigrante, on les prendrait pour des sociétés purement philantropiques. Certainement le gouvernement n'a en vue que le peuplement de ses terres, et la compagnie que le placement avantageux de ses capitaux. Mais le colon avec sa famille étant le seul élément qu'ils aient l'un et l'autre pour arriver à leurs fins, il devient le pivot autour duquel viennent s'harmoniser leurs intérêts personnels. La compagnie considère dans la famille une pépinière de travailleurs les seuls artisans de sa fortune. De son côté, l'État, sans bourse délier, voit s'installer sur ses terres désertes une pépinière de nouveaux citoyens, les auxiliaires indispensables à l'accroissement de sa véritable grandeur.

Malgré les étroites limites que nous avons fixées à cet écrit, si nous nous sommes étendus sur les compagnies d'Amérique afin d'en pénétrer l'esprit, c'est que des compagnies analogues doivent compléter le système Bugeaud que nous étudions ici au point de vue de son application à toute l'Algérie, si nous ne trouvions dans notre organisation militaire et sociale aucun moyen de nous en passer.

Dans l'œuvre que la France est tenue d'accomplir en Algérie, elle a beaucoup à prendre dans ce que les Américains ont fait et font chaque jour chez eux. Ce n'est pas la forme de leur constitution que les économistes du crû nous jettent tous les jours à la tête, qu'il nous faut. Elle irait à la France comme le soulier de la modeste Cendrillon allait à ses brillantes sœurs : c'est leur génie dans l'organisation des grandes entreprises et l'indomptable énergie qu'ils mettent à les conduire à bonne fin, dussent-elles durer des siècles ; mais à la condition toutefois de ne pas les imiter servilement comme on l'a fait dans l'essai de leurs compagnies de colonisation.

Les terres que la France doit peupler en Algérie au moyen de la colonisation européenne ont deux genres de valeur : 1° Une valeur positive, fondée sur les revenus qu'en tirent les Indigènes, quelque informes que soient leurs procédés, quelque insuffisants que soient leurs moyens dans la manière de cultiver le sol et d'élever le bétail ; 2° Une valeur aléatoire que l'on calcule sur les résultats extraordinaires, mais encore partiels, qu'on obtient par la culture européenne, quand cette culture est dirigée par des mains intelligentes, sages et surtout patientes.

Les terres dont sont détenteurs les Européens et qu'ils font exploiter par les Arabes donnent, bon an mal an, un revenu net de 10 francs par hectare ; et si le bailleur peut fournir à ses métayers semences, bêtes de labour, une plus grande quantité de bétail et de meilleure espèce, ce chiffre prend des proportions bien plus élevées.

Or, vendre à la Compagnie génevoise, à la Compagnie algérienne, 20,000 hectares à l'une, 100,000 à l'autre, à un prix qui ne représente pas le 10° du revenu net contre la promesse banale de les peupler en temps opportun, c'était une folie ; et nous dirions une forfaiture de plus, si l'honorabilité des fondateurs de ces deux sociétés ne les mettait à l'abri du soupçon d'un acte de complicité condamnable par la loi et infamante aux yeux de l'Europe entière. Que si on eût imposé à ces sociétés l'obligation, sous peine de déchéance, d'établir un colon européen par 20 ou 25 hectares ; de défricher chaque lot, de le planter, de le bâtir dans un délai déterminé, elles n'eussent pas accepté, même à titre gratuit. Bien plus, que s'il pouvait résulter des termes de leur contrat le droit de leur appliquer cette clause résolutoire, elles en demanderaient la résiliation ; et pour l'obtenir sacrifieraient, s'il le fallait, tout ou partie des énormes bénéfices qu'elles réalisent chaque année. En effet, leurs administrateurs sont trop sages et trop prévoyants pour aller enfouir des millions, en attendant un courant d'immigration que l'ignorance ou la mauvaise volonté de nos gouvernants ont éloigné de nos rivages, et qu'on n'y peut ramener qu'à la longue par les moyens dont seule puisse disposer une grande nation comme la France.

Ainsi, on ne doit pas attendre des colons de la part des compagnies, encore moins de l'Espagne et de l'Italie : ces deux pays nous fournissent des mercenaires ou des artisans, mais pas de familles agricoles. On ne peut pas compter aujourd'hui sur l'Allemagne, le seul pays d'émigration qu'il y ait en Europe.

Une des conséquences les plus désastreuses pour la civilisation qu'aura eues la dernière guerre sera d'avoir arrêté, on ne saurait dire pour combien de temps, la fusion des races, qu'il faut bien se garder de confondre avec la destruction des nationalités dont elle doit être, au contraire, la principale sauvegarde.

Par elle doivent disparaître les préjugés, les haines traditionnelles qui divisent les peuples ; et par suite les dynasties héréditaires qui les entretiennent et les fomentent afin de se rendre nécessaires. La France avait été choisie, à son insu, pour être l'initiatrice de cette nouvelle phase du progrès dans les voies que Dieu indique, en son temps, à la conscience humaine. L'œuvre s'y poursuivait, comme toutes les choses d'en haut, d'une manière occulte. Mais en Algérie, cette terre promise, elle s'accomplissait en plein soleil et à vue d'œil. Ses prémices étonnent et ravissent l'observateur qui aime ses semblables.... C'est un point d'arrêt pendant lequel peut-être les peuples commenceront à voir clair.

Mais pourquoi la France chercherait-elle ailleurs ce qu'elle a chez elle? Est-ce que ses provinces ne vont pas regorger de population quand chacun aura repris sa place autour du clocher du village? Il est vrai, nos populations ne sont pas faciles à arracher du sol de la Patrie. La misère et le châtiment sont de mauvais pourvoyeurs de colons : parmi leurs victimes, les uns ont perdu leur énergie dans la paresse, dans la débauche ou dans l'adversité ; les autres ne prennent jamais racine sur la terre étrangère : ils regardent toujours derrière eux celle qu'ils ont perdue et qu'un retour de fortune peut leur rendre demain. Il ne faut pas non plus chercher des émigrants parmi ceux d'un âge fait qui possèdent quelque chose, n'auraient-ils qu'une masure où ils s'abritent avec leurs brebis ou leurs chèvres. Les attaches du pays où l'on est né et où l'on a passé une grande partie de sa vie sont si fortes qu'elles retiennent la besace du mendiant.

Mais où donc prendre des colons ?

Dans toute la France, nous répond le maréchal Bugeaud. Et en même temps il nous indique à quelle classe de la société il faut les demander, et ce qu'il faut faire pour les attirer.

Aux yeux de ce grand observateur, le militaire libéré du service, ayant fait campagne en Afrique et pris part aux travaux coloniaux, réunissait toutes les qualités que l'on devait rechercher dans un colon. Son éducation militaire le rendait capable de se défendre contre l'Arabe dont il connaissait la tactique et surtout l'infériorité. Presque toujours fils de cultivateur, il joignait aux connaissances agricoles de la première jeunesse celles qu'il avait acquises dans sa carrière de soldat laboureur. Ces aptitudes reconnues, il était très coulant sur les autres conditions, sauf une à laquelle il attachait une importance capitale. Tous les colons, tant civils que militaires, devaient être mariés ou prendre l'obligation de l'être à une époque déterminée.

À ce propos, voici un fait que les journaux de l'époque avaient relevé, dans le dessein de faire rire leurs lecteurs, et relatif à une mesure dont ils ne soupçonnaient pas la portée profonde : c'était pourtant la consécration de l'élément le plus fécond que ce grand organisateur eût attaché à son œuvre.

La majeure partie des colons militaires de l'une de ses colonies avait laissé passer le délai dans lequel ils devaient se marier. Ils avaient pour excuse la pénurie de femmes qui était grande alors dans la colonie naissante. Le Maréchal les envoya en France sur un bateau de l'État avec ordre de ne revenir qu'avec une femme légitimement épousée aussi bien à l'église que devant le Maire. Nos colons n'avaient guère ni le temps ni la faculté de choisir. Mais nous devons dire, à la louange des compagnes qu'ils ramenèrent, nous qui les avons vues à l'œuvre, que l'ordre, l'activité, l'économie qu'elles apportèrent dans leur nouveau ménage eurent bientôt modifié ce que les habitudes militaires de leurs maris avaient d'incompatible avec celles de la vie rustique.

Il est dans l'armée une catégorie de jeunes gens qu'il est facile de dépayser : ce sont ceux qui n'ont rien à attendre de leur famille ; dont les père et mère vivent de leur travail comme domestiques ou comme ouvriers. Il n'est pas douteux que ce ne fut sur eux que comptât le digne Maréchal, plus dans leur intérêt que dans celui de la Colonie : il voulait faire des propriétaires des déshérités de la fortune.

Les moyens de les gagner à ses vues étaient simples mais infaillibles. D'abord il caressait chez eux l'amour de la propriété par des promesses qu'ils voyaient chaque jour se convertir en réalités en faveur de quelques anciens camarades. Ensuite, il les obligeait à travailler la terre qu'il voulait leur donner : c'était la leur faire désirer et la leur faire aimer d'avance. Car, par ce travail, et comme charme irrésistible, il allait chercher au fond de leur nature un sentiment tellement profond qu'il ne s'éveille chez l'homme qu'aux senteurs que la terre exhale quand il l'arrose de ses sueurs. Ce grand penseur savait par intuition, ou avait appris peut-être dans les conversations que les travailleurs tiennent entre eux, que l'homme a la croyance intime et invincible que le Créateur lui a donné un certain droit sur la terre qu'il féconde par son travail. En effet, c'est sur ce droit *divin* que la propriété a été établie à la naissance des sociétés ; et c'est sur ce droit que les Vandales modernes bâtissent leurs théories afin de la démolir en la rendant commune.

Le Maréchal avait une telle foi dans son œuvre qu'il en commença l'application, pour ainsi dire à son corps défendant : à l'époque de ses premiers essais, les Ministres, très préoccupés par de graves questions de politique extérieure, ne jettaient les yeux sur l'Algérie que pour y activer la conquête afin de pouvoir se servir de sa vaillante armée dans une guerre européenne qu'on s'attendait à voir éclater d'un instant à l'autre. A la Chambre, le fameux Desjobert, à la tête d'un petit groupe d'amis, venait à chaque session, en tournant à l'envers le *delenda Carthago* du sénateur romai:, demander l'abandon de la Colonie. Dans la *Presse*, Emile de Girardin, disait à ses cent mille lecteurs que l'Algérie était le boulet de la France. Le Gouverneur, malgé l'indifférence des uns, l'hostilité et les sarcasmes des autres, n'en persistait pas moins à poser les jalons de son entreprise toute nationale et humanitaire.

CHAPITRE VI.

CONSÉCRATION DU SYSTÈME BUGEAUD PAR UN ACTE DE LA VOLONTÉ NATIONALE. — SES EFFETS INÉVITABLES.

Or, si Bugeaud qui ne pouvait disposer que de quelques centres isolés, exposés à toutes les éventualités d'une guerre acharnée ; qui n'avait probablement comme ressources que des revirements de fonds ou des économies sur les frais de guerre, a pu poser dans des routes monumentales, dans des villages florissants les fondements de son œuvre, que ne ferait-il pas aujourd'hui ayant toute la Colonie comme base d'opérations, avec toutes les ressources disponibles et les pouvoirs illimités, que la France républicaine mettrait aveuglément entre ses mains pour l'application d'un système qu'on reconnaîtra aujourd'hui, après une longue et douteuse expérience, comme le seul capable de réaliser les espérances que la Métropole a fondées sur sa précieuse Colonie.

Qu'on reprenne son œuvre, et ce qu'il aurait fait, la France peut le faire par un seul acte de sa volonté nationale, par un simple article de loi : que dans la loi que l'Assemblée prépare sur l'organisation de l'armée de l'Algérie on insère cette disposition :

« Tout militaire libéré du service, légitimement marié, pouvant justifier, outre de ses bons états de service, d'un brevet de capacité agricole, obtenu dans une colonie militaire de l'Algérie, aura droit à une concession gratuite dans un des villages de la Colonie en voie de formation. »

Avec ce seul article, ce n'est pas devant le nombre des villages qu'il faut s'arrêter : y en aurait-il cinq cents de disponibles, ils seraient tous peuplés avec la fleur de la jeunesse française.

Les hommes les mieux faits, les plus sains de corps et d'esprit sont, sans contredit, ceux que le recrutement vient, à chaque printemps, choisir dans nos cantons. Les filles qu'ils épouseraient seraient du même village ou du village voisin, de la même condition, resplendissantes de cette beauté qu'on leur envie ; qu'elles doivent à un travail assidu, à l'air des champs et à de bonnes mœurs.

Maintenant, que chacun compte, parmi tant de milliers de jeunes hommes que la France est obligée d'armer, chaque année, dans le seul but, le plus souvent, d'affirmer sa force matérielle aux yeux des autres peuples, quel est le nombre de ceux qui, en reportant les yeux sur le pays natal, n'y voient que les travaux incessants, la dépendance servile de la vie du mercenaire qu'y mènent leurs parents ; et on conviendra avec nous que peu d'entre eux se résoudraient à trainer une lourde oisiveté d'un camp ou d'une garnison à l'autre, alors qu'ils pourraient, en venant en Algérie, acquérir un domaine tout en payant leur dette à la patrie. Les cadres de l'armée, quelle que soit l'organisation qu'on lui donne, ne seraient pas assez larges pour recevoir tous les volontaires. Que si cette ambition ne leur venait pas, leurs parents, jaloux de faire avoir à leurs enfants ce qu'ils n'ont pas pu acquérir par une vie de labeurs, seraient les premiers à la leur inspirer ; leurs sœurs, leurs fiancées, avec leur caractère de femme plus aventureux que celui de l'homme, les y pousseraient à l'aide de cette autorité si douce que donnent l'affection et l'amour.

Et si on veut se placer à un point de vue plus élevé, on s'apercevra facilement que ce mode de peuplement, si convenable à l'Algérie, étendrait ses bienfaits jusques sur la grande famille française.

On ne peut pas se le déguiser : le prolétariat prend, en France surtout, des proportions croissantes. Et c'est une classe de la société respectable à bien des égards, à laquelle Dieu doit s'intéresser puisqu'il la recommande aux nations par de si terribles avertissements. Dans les victimes égarées que la misère y produit, il ne faut pas tout tuer, comme le conseillait naguère un faiseur de vaudevilles dans une lettre si peu justement célèbre ; mais il faut tarir les sources où elle s'alimente : et une de ces sources les plus abondantes sont les débris des armées permanentes.

Le célibat, infécond par sa nature, stérilise et avilit tout ce qu'il touche partout où il passe. Qu'on le suive dans ses diverses évolutions, et on verra ses rapports de filiation avec le prolétariat. Une statistique curieuse et utile à faire, serait celle qui donnerait le nombre des victimes que laissent dans l'un et l'autre sexe les cent mille hommes que la loi militaire condamne au célibat pendant l'époque la plus belle de la vie, la seule époque où l'homme songe à accomplir le devoir le plus sacré que la nature lui inspire.

Nous sommes loin de confondre le célibat légal avec le célibat volontaire. Ce serait nier le côté par lequel notre nature se rapproche le plus de celle de Dieu ; ce serait, au mépris de la croyance du genre humain tout entier, sans distinction de lieux ni de religions, méconnaître les plus beaux types de notre espèce, qu'un état particulier de l'âme élève si haut au-dessus de nos passions charnelles, que nous aimons à les considérer, ainsi que tous ceux qui peuvent acquérir ce degré de perfection, comme les véritables intermédiaires entre le créateur et nous, les pauvres enfants de la terre.

Ainsi, toutes ces belles victimes que la Mère-Patrie est obligée, comme les autres nations, de sacrifier à des nécessités barbares ; qu'elle doit nourrir dans leur vieillesse, si elle ne veut pas châtier en elles la revendication brutale des droits qu'elle leur a fait perdre, l'Algérie les recevrait dans ses bras, en ferait des pères de famille, d'excellents propriétaires et des citoyens aussi utiles à leur patrie adoptive qu'à celle qui les aurait vu naître.

CHAPITRE VII.

ÉTABLISSEMENT DES COLONS. — APPOINT IMPORTANT FOURNI PAR LA POPULATION PUREMENT CIVILE DE CHAQUE DÉPARTEMENT DE FRANCE. — CAISSE COLONIALE ET MOYEN DE L'ALIMENTER. — COMMISSION MUNICIPALE. — SON UTILITÉ. — GOUVERNEMENT DES INDIGÈNES. — COMMENT SE COMPORTE L'ARABE A COTÉ DE L'EUROPÉEN DANS LES TERRITOIRES CIVILS. — COUP D'OEIL RÉTROSPECTIF SUR LES AFFREUSES CONSÉQUENCES DE L'INDIVISION. — CONCLUSION.

L'Algérie, d'après notre système, conquise par l'armée, rendue propre à la colonisation par les troupes qui la composent, ne doit pas, pour cela, devenir l'apanage d'anciens militaires à l'exclusion de la population civile de la Colonie et surtout de celle de la Métropole.

Ce que l'Algérie coûte à la France, ce sont les contribuables qui le payent ; ce que dépense le soldat pour la défense du pays, ce que dépense l'ouvrier dans les travaux publics de la Colonie, sort de la poche du travailleur de la Métropole. Aussi, quand des villages salubres, des terres bien choisies et bien appropriées offriront des garanties propres à stimuler l'émigration française, nous demanderons, non pas à l'État — nous sommes partisans jusqu'à une certaine limite de la décentralisation, — mais à chaque département de France ses travailleurs les plus compétents ; et nous sommes convaincus qu'au moment donné, les conseils généraux, sans obérer leur département, se verront dans l'heureuse nécessité de choisir, parmi les plus dignes, les jeunes agriculteurs offrant le plus de garanties morales et de connaissances spéciales, dans le nombre de ces jeunes familles pleines d'énergie, pleines d'intelligence qu'on appellera à venir prendre part au grand partage des terres de l'Algérie, dues aux enfants de la France qui n'en ont pas.

Jusqu'ici on avait donné aux riches, dans l'espoir qu'ils appelleraient les pauvres. Le contraire est arrivé. Sans ce concours indispensable les meilleures terres sont restées en friche. C'est donc avec les prolétaires que la France nouvelle créera sur le continent africain la plus belle, la plus riche, la plus intelligente nation du monde.

Avec le système que nous préconisons, nous avons des terres ; nous avons, ce qu'il y avait de plus difficile à trouver, des immigrants choisis dans toute la population française, et nous les avons à profusion, reste les moyens de pourvoir à leur établissement.

La France, à cet égard, a été jusqu'ici, nous ne dirons pas prodigue en faveur de la Colonie, mais elle n'a jamais reculé devant aucun sacrifice lorsqu'il s'est agi d'une œuvre pouvant contribuer à sa prospérité.

En face de villages préparés à l'avance, désignés sous des noms empruntés à ceux de la Mère-Patrie ; en présence d'une population jeune, active et déjà rompue aux travaux agricoles, les capitaux privés n'hésiteraient certes pas à venir prendre leur part dans une entreprise dont les heureux résultats ne pourraient offrir aucun doute, même aux plus timorés. Mais la France ne voudra pas livrer de si beaux éléments de colonisation aux exigences inflexibles du capital qui, par sa nature, est aussi dur que le métal dont il se sert. Par un seul acte de sa volonté souveraine, elle subviendra à tous les frais de premier établissement et d'exploitation en employant les moyens que nous allons indiquer.

Notre illustre Président de la République disait dans un discours célèbre, il y a quelques mois à la Chambre : la Banque de France nous prête près de deux milllards à 5 0/0, et nous espérons que l'année prochaine elle consentira à nous laisser ce capital moyennant peut-être l'intérêt de un pour cent.

Et pourquoi la Banque de l'Algérie ne prêterait-elle pas à une caisse coloniale quelques dizaines de millions à un taux tel que les nouveaux colons puissent avoir les moyens de s'établir avec de l'argent à 5 0/0, amortissement compris ?...

L'extension de crédit que le gouvernement donnerait à cet établissement privilégié, serait pour lui un moyen de se créer de nouveaux bénéfices bien loin d'être un sacrifice.

Le malheur est un grand maître : et la France réduite par l'Allemagne, aveuglée par son triomphe, à lui payer ses milliards avec de la monnaie à sa guise, apprend aux nations modernes comment on peut s'affranchir du poids énorme des valeurs métalliques.

Mais ce n'est pas tout d'avoir de l'argent : c'est encore ici, ce nous semble, une question secondaire : la question capitale est de le bien employer.

Pour les Français en général, et surtout pour les Algériens, l'ingérance de la bureaucratie administrative dans la distribution et la surveillance de l'emploi des fonds que chaque nouveau colon aurait le droit de prendre à la caisse coloniale, en même temps qu'il aurait le devoir de ne l'employer qu'à des besoins déterminés, serait un épouvantail tel, que la plupart aimeraient mieux emprunter à 15 et à 20 0/0, que de subir le contrôle d'un agent galonné.

C'est pourquoi nous avons jeté les yeux sur un agent distributeur que ne remplacerait pas le meilleur et le plus intelligent des pères de famille. Cet agent, c'est une commission prise dans le Conseil municipal, ou choisie parmi les notables de chaque village, si le village n'avait pas le contingent de colons nécessaire à l'institution et au fonctionnement d'une administration municipale.

Les fonds confiés à cette caisse municipale seraient distribués à chaque famille du village au fur et à mesure des besoins. Les constructions, l'achat du cheptel et de l'outillage aratoire seraient faits par l'autorité supérieure avec le concours des membres de la Commission. Mais seuls, ces derniers sont aptes à surveiller l'emploi que chacun devra faire des ressources que la Patrie met à la disposition de chaque colon. Ainsi sous leurs yeux, les bœufs n'iront pas faire des transports de roulage, lorsque l'époque des labours sera venue. Le blé de semence ira à la terre, et n'osera pas aller dans un épi artificiel parer le bonnet d'une coquette. Le pain quotidien sortant d'un entrepôt communal alimenté par la caisse sera à meilleur marché, ainsi que toutes les autres denrées que consomme le travailleur de terre. En un mot, quand au moyen de cette surveillance toute paternelle et de tous les jours, s'étendant à tous les détails de la vie agricole et même de la vie privée, pas un kilo de pain ne sera consommé sans qu'il ne soit représenté par une somme équivalente d'un travail fructueux, les fonds de la caisse coloniale seront mieux garantis que par tous les moyens dont la loi entoure l'hypothèque. Nous nous en rapportons à cet égard au témoignage des prêteurs de cette catégorie : après avoir enrichi des huissiers et des hommes de loi, bon nombre sont obligés d'acheter leur gage aux enchères. Par suite, les terres qui en dépendent sont livrées à l'ignorante routine de l'indigène et repassent à l'état sauvage d'où les avaient tirées à grand'peine le malheureux colon européen.

En profitant des leçons que nous a laissées le maréchal Bugeaud, nous avons fait à la colonisation une large place ; mais notre œuvre serait incomplète et n'aurait pas même sa raison d'être, si nous ne faisions pas la part de deux millions à peu près d'indigènes éparpillés sur toute l'étendue du pays que nous avons conquis.

La France ne s'est jamais liée envers les peuplades de l'Algérie ; par une raison bien simple, c'est qu'elles n'ont jamais été représentées par un gouvernement régulier. Ferait-on valoir des prétentions opposées, leurs révoltes nous auraient rendu tous les droits du vainqueur. Mais la France a promis au monde civilisé de leur laisser leur place au soleil sur le sol qui les a vues naître, et sa parole est plus sacrée que des traités se soldant par des milliards et appuyés par des armées que l'on compte par des millions d'hommes.

L'intrusion d'une nombreuse population française dans nos possessions ne peut que contribuer à augmenter la population indigène et améliorer sa situation matérielle et morale.

Pour démontrer cette proposition toutes les considérations philosophiques, celles tirées de l'histoire, seraient ici hors de saison — ce serait vouloir apprendre à plus savant que soi. —

Nous nous bornons à invoquer les faits acquis que chacun peut
vérifier et que personne ne saurait contester.

*Sur quelque point que ce soit de l'Algérie, la population
indigène, régie par la loi française, sera toujours en raison
directe de la population européenne.*

Un seul exemple :

En 1852... Boufarik promettait de devenir ce qu'il est aujourd'hui, le centre agricole le plus important de toute la Province, voire peut-être des trois Provinces. Or, un jour le maire
de cette commune eut l'heureuse et louable audace de faire pu-
blier par le tambour de ville et par les crieurs arabes attachés à
l'administration du marché, — un des plus grands marchés de
l'Algérie, — que les Beni-Kélil, la tribu la plus importante de
la Mitidja, englobée dans la commune de Boufarik et celles en-
vironnantes, étaient affranchis de la domination des bureaux
arabes, et qu'ils étaient dès ce jour soumis au régime civil.

C'était un lundi, jour de marché, au mois de mai, par une
journée magnifique. Il y avait au marché cinq à six mille Arabes venus de toutes les tribus des alentours. Au caravansérail
siégeaient une dizaine de caïds, autant de cadis, avec leurs es-
cortes, et en tête le chef du bureau arabe de Blida, gouver-
nant tous les indigènes de la plaine.

Le coup était inattendu : mais il eut l'effet d'un coup de ton-
nerre. Le frémissement de joie qui sortait des yeux, des gestes
de tous ces milliers d'Arabes, suffit pour jeter la stupeur parmi
toutes les autorités du royaume arabe. Le capitaine écumait de
rage. (Textuel.)

Mais que faire en présence du magistrat municipal qui ne
s'était même pas donné la peine de se faire accompagner par les
agents de l'autorité civile, entouré qu'il se sentait par tous ces
hommes avides de justice et de liberté, auxquels il n'aurait fallu
qu'un signe pour anéantir toute résistance et porter en triomphe
leur libérateur.

Ce soir là, il y eut des feux de joie en signe de réjouissance dans plus de vingt tribus.

A compter de ce coup d'État, les Arabes des autres tribus de la plaine se sont émancipés, et toutes ont doublé leur population sous l'égide du droit commun et malgré les tracasseries de leurs anciens dominateurs. Les Hadjoutes, la tribu la plus turbulente, la plus célèbre dans l'histoire de la conquête, est plus nombreuse et plus riche que du temps où l'Émir y tenait ses vingt mille cavaliers. Ils ont perdu à notre contact leurs instincts belliqueux ; et leur soumission a résisté à toutes les excitations, à toutes les menaces des insurgés de l'intérieur. Les villages français qu'on a installés dans leur territoire sur une étendue de 15 à 20,000 hectares, ne les gênent en rien. Cela ne les empêche pas *de croître, de multiplier* et de devenir riches. Au lieu d'un cheval de guerre, chaque propriétaire, comme le paysan de la haute Auvergne, va au marché avec une jument de produit. Les jeunes gens des tribus fraternisent avec les fils de nos colons. Ils apprennent, en nous imitant et en se servant de nos procédés, à tirer d'un hectare trois, quatre, cinq fois plus que par les moyens qu'employaient leurs pères. Jusque-là leurs riches prairies ne leur avaient servi qu'à réparer le maigre bétail qu'ils avaient sauvé des rigueurs de l'hiver. Aujourd'hui ils vendent leur foin sur pied ; et chez quelques propriétaires, on voit de jeunes gars manier la faux aussi bien que le premier Européen venu ; faire des bottes et se présenter hardiment avec un attelage à la française dans les magasins à fourrage de l'administration.

Les Arabes cultivateurs des territoires civils font si bien leurs affaires et se trouvent si bien à côté de nous, qu'ils viennent concourir aux adjudications publiques des biens à vendre ; et c'est triste à dire, souvent leur mise prime celle des Européens.

Leurs rapports avec les Roumis ne laissent rien à désirer

sous le rapport de la sécurité et de la réciprocité de services que l'on se doit entre voisins. S'il y a des vols, ils sont commis par les bandits que nous vomissent de tous côtés les contrées du pays arabe.

La femme arabe sort de son gourbi ou de sa tente, le visage découvert, et vient avec ses filles aider la mère de famille européenne à faire les travaux les plus grossiers du ménage. Ce que les enfants bredouillent entre eux, ce que les femmes se disent entre elles, répété et interprété le soir au foyer de l'indigène ; les exemples qu'ils ont sous les yeux, hommes et femmes, petits et grands, valent mieux que des prédications, que des manifestes officiels : c'est l'idée française dans toute sa naïveté et dans toute sa puissance, s'incorporant par tous les organes de l'intelligence dans la nature de l'Africain, plus apte peut-être à la féconder que certaines races européennes, et qui aura des résultats analogues partout où elle pourra s'épandre dans les mêmes conditions.

L'œuvre que notre nouveau Gouverneur inaugure dans la Colonie s'adapte parfaitement à celle que nous préconisons. Les mesures que nous avons indiquées sont peut-être les seules que l'on puisse efficacement employer contre les obstacles que l'établissement du droit commun doit rencontrer dans les pays arabes.

Cette œuvre est longue et hérissée de difficultés ; aussi, loin de critiquer les essais que l'on tente chaque jour, les amis de la Colonie doivent s'empresser d'encourager les efforts qu'un noble dévoûment fait pour les aplanir. C'est dans ce but que, malgré la réserve que nous nous sommes imposée, nous croyons de notre devoir de qualifier une opposition systématique roulant sur une équivoque, et outrageante à l'endroit des corps constitués dont nous considérons le concours comme indispensable à la régénération de la Colonie.

De ce que le régime civil, ou ce qui est synonyme, le droit commun, doit régler les droits des personnes et des biens des populations indigènes, est-on fondé à crier à la restauration des bureaux arabes, parce que l'autorité supérieure utilise les connaissances pratiques des officiers qui en ont fait partie?

Nous avons parlé en termes sévères de cette institution ; mais nous partageons l'indignation générale en face des attaques injurieuses dont ils sont l'objet.

Le seul reproche que l'on puisse faire aux officiers des bureaux arabes, c'est celui que leur ont toujours fait leurs camarades de l'armée : de se détacher d'eux par une excessive ambition ; de s'embarquer sur une galère mal famée où ils risqueraient leur honorabilité, quelquefois leur position sociale, forcés qu'ils seraient d'exécuter des ordres irrécusables dictés par quelques ambitieux que leur haute position rendait presque inviolables.

Est-ce que des officiers, quoiqu'ils aient servi d'instrument à un régime basé sur le bon plaisir, ne s'empresseront pas à prêter le concours de leur expérience à un gouvernement basé sur la légalité, où ils pourront exercer les sentiments de justice, de loyauté qu'ils ont puisés au foyer de la famille et aux traditions séculaires de la profession qu'ils ont embrassée.

Et où veut-on trouver des auxiliaires plus capables qu'eux, lorsqu'il s'agit de régir des populations disséminées sur un territoire plus étendu que la moitié de la France?... Des agents civils, étrangers au pays, aux mœurs, au langage des habitants!... Ce serait absurde. Il n'appartient qu'à des ignorants ou à des gens aveuglés par des passions politiques insensées, d'attaquer la personnalité des hommes du pouvoir ; de les prendre par leur tenue, par leurs insignes, de leur jeter à la tête le traitement que l'État leur accorde, impuissants qu'ils sont à critiquer les actes de leur administration.

En face de ce dévergondage, notre plume s'arrête dans la crainte de laisser déborder sur le papier l'amertume dont elle est pleine. Notre appréciation sur les actes du gouvernement local serait intempestive. Nous attendrons la loi que nous promet l'Assemblée nationale, sur la constitution de la propriété, tout en souhaitant qu'elle soit plus applicable et plus féconde en résultats que celles édictées en faveur de l'immigration lorraine-alsacienne ; et nous terminerons cette étude en disant un mot de la situation des tribus vivant dans l'indivision.

L'indivision dans les tribus arabes est pire à l'égard des populations qui y vivent, que le servage au moyen-âge, que l'esclavage antique, que la traite des nègres. Au moins tous les misérables vivant sous ces divers régimes, étaient protégés par une certaine législation, par l'opinion publique des populations libres au milieu desquelles ils gémissaient : ici rien de pareil. C'est un bétail humain dont les sujets valides sont forcés à divers travaux, tantôt sur un point, tantôt sur un autre. On ne lui donne à manger que deux fois par an : à l'époque des semailles et à l'époque de la moisson, comme on donne un picotin d'orge à un âne, avant de lui faire entreprendre un pénible travail. C'est là que l'on voit une femme accouplée avec un *bourricot* trainant une araire informe; un fantôme déguenillé conduit à coups de matraque ce monstrueux attelage : c'est le père des enfants de cette malheureuse.

Mais, par un contraste facilement explicable, les chefs de ces tribus sont les plus grands seigneurs de la féodalité arabe. Ils vendent à la saison leurs laines par 30 mille toisons ; ils ont des bœufs, des chameaux par centaines, par milliers. Ce sont eux qui allaient à Compiègne baiser la tunique de pourpre de leur digne monarque. Ce sont eux qui écartelaient l'infortuné Beauprêtre après avoir attaché à la queue de leurs chevaux les insignes de la Légion d'honneur qu'on avait profanés en les leur donnant.

Cette monstruosité sociale, honteuse pour la France, peut disparaître sans attendre les effets d'une loi spéciale.

« Nul n'est tenu de rester dans l'indivision, » dit notre Code civil. Qu'on applique cette disposition de la loi sans plus tarder. Et après que la monstrueuse puissance des chefs se sera dissipée dans la distribution des terres, les marabouts auront beau appeler les fidèles à la guerre sainte, pas un homme de la tribu n'abandonnera sa famille sur le lopin de terre, si exigu qu'il soit, que la France lui aura donné. Les Arabes de ces tribus ne vont à la guerre que comme les chiens à la curée ; c'est la faim qui les y pousse. Les officiers de l'armée d'Afrique le savent bien ; mais ils ne le disent pas.

En résumé, nous ne pouvons soumettre les Arabes qu'en les faisant jouir des garanties de nos lois civiles.

Le concours de l'armée est indispensable : si on la tient l'arme au bras, elle sentira toujours le besoin de dissiper les ennuis de l'oisiveté par quelques escarmouches. Mais si en suivant les errements du maréchal Bugeaud on lui permet de prendre une part active aux travaux coloniaux, en l'y intéressant, elle fera de la Colonie une nation riche et puissante, à la grande gloire de la France, en confirmant une fois de plus sa mission civilisatrice dans le monde.

P.-S. — Nous avions réservé une place aux notes ; mais elles sont si nombreuses et si en désaccord avec le texte primitif, qu'après mûre délibération, nous les avons supprimées, laissant à chacun de nous le droit de défendre ses idées, si on lui fait l'honneur de les discuter.

Alger, le 4 février 1875.

Le principal rédacteur,
DELFRAISSY.